I0479775

TIK TOK LA GUIDA DEFINITIVA PER I CREATORI

Consigli per creare contenuti e raggiungere il successo

Greta Perla

Carissimi lettori,

è con grande piacere che mi rivolgo a voi per presentarvi il mio ultimo libro, "Tik Tok: La guida definitiva per i creatori". Spero che questa guida possa essere un'utile risorsa per tutti coloro che desiderano intraprendere il percorso del content creation su Tik Tok.

In questo libro, ho cercato di offrire un approccio completo alla piattaforma, partendo dalle basi per poi approfondire tecniche e strategie avanzate, rivolte sia ai creatori alle prime armi che a quelli più esperti.

Tik Tok è una piattaforma in continua evoluzione e, per questo motivo, ho cercato di offrire un'analisi costantemente aggiornata delle tendenze del momento, con consigli e suggerimenti per aiutare i creatori a rimanere al passo con gli ultimi sviluppi.

La mia passione per il content creation su Tik Tok nasce dalla curiosità e dalla voglia di esprimere la mia creatività in un mondo sempre più digitalizzato. Credo che Tik Tok sia un'opportunità unica per i creatori di tutti i livelli, grazie alla sua vasta audience e alla possibilità di esprimere se stessi attraverso una varietà di formati.

Sono profondamente convinta che il successo su Tik Tok non sia solo legato alla quantità di follower, ma anche alla qualità dei contenuti e alla capacità di comunicare messaggi autentici e coinvolgenti. Per questo motivo, nel libro ho voluto fornire strumenti e consigli per aiutare i creatori a migliorare i propri contenuti e raggiungere il successo in modo autentico e duraturo.

Ringrazio tutti coloro che mi hanno supportato in questo percorso e spero che "Tik Tok: La guida definitiva per i creatori" possa essere un'utile risorsa per tutti i fan della piattaforma e per coloro che desiderano iniziare a creare contenuti coinvolgenti e di successo.

Con affetto,

Greta Perla

Ecco la bellezza di TikTok: non c'è un unico modo di fare le cose, ma ci sono infinite possibilità di esprimere la tua creatività e connetterti con il tuo pubblico. Il segreto è trovare la tua voce unica e autentica e usarla per raccontare storie che ispirino e coinvolgano gli altri.

GRETA PERLA

SOMMARIO

INTRODUZIONE

In un mondo dove la comunicazione digitale è diventata una parte sempre più importante della vita quotidiana, TikTok è emerso come una delle piattaforme social più popolari. Con milioni di utenti attivi ogni giorno, TikTok offre un'enorme opportunità per i creatori di contenuti di tutto il mondo per mostrare le loro abilità e talenti, costruire un pubblico di fedeli follower e persino guadagnare denaro.

Ma come si fa a creare contenuti vincenti su TikTok? Come si fa a distinguersi dalla folla e raggiungere il successo? E soprattutto, come si mantiene la motivazione e si supera la paura del giudizio degli altri?

In questo libro, "TikTok: La guida definitiva per i creatori", la social media expert Greta Perla offre una guida completa su come creare contenuti coinvolgenti, raggiungere un vasto pubblico e diventare un vero e proprio influencer su TikTok.

Basato sulla sua esperienza di anni di lavoro nel campo del social media marketing, il libro offre consigli pratici su come sviluppare una strategia di contenuto, come utilizzare gli strumenti di editing e come misurare l'efficacia del tuo contenuto.

Ma non è solo un libro per i creatori di TikTok già esperti: Greta Perla ha anche fornito consigli per i principianti su come iniziare e come trovare la propria voce e il proprio stile sui social media. Con esempi di successo e fallimenti, il libro fornisce una visione completa del mondo di TikTok, dai momenti di blocco creativo ai trend virali, dalle sfide più comuni ai trucchi del trade.

Lasciati ispirare dalle parole di Greta Perla e scopri come creare contenuti unici e coinvolgenti che attireranno l'attenzione dei tuoi follower e ti faranno distinguere dalla massa su TikTok. Questo libro è la guida definitiva per i creatori, scritta da un vero esperto del settore, che ti guiderà passo dopo passo attraverso l'universo di TikTok e ti aiuterà a raggiungere i tuoi obiettivi di successo su questa piattaforma di social media in continua evoluzione.

PREFAZIONE

TikTok è diventata una delle piattaforme di social media più popolari al mondo, con oltre un miliardo di utenti attivi mensilmente. Tra questi utenti ci sono numerosi creatori che, con la loro creatività e originalità, sono riusciti a conquistare un vasto pubblico e ad avere successo sulla piattaforma.

Ma come fanno questi creatori a creare contenuti interessanti e coinvolgenti che riescono ad attirare l'attenzione degli utenti di TikTok? Come fanno a mantenere la motivazione e a superare i momenti di blocco creativo? Come fanno a far crescere il loro pubblico e a raggiungere il successo sulla piattaforma?

Questo libro, TikTok: La guida definitiva per i creatori, è stato scritto per rispondere a queste domande e per fornire consigli e strategie utili a tutti coloro che vogliono diventare creatori di successo su TikTok.

L'autrice, Greta Perla, è una creator di TikTok con anni di esperienza sulla piattaforma. In questo libro, ha raccolto i suoi consigli più preziosi, le sue strategie di successo e le sue esperienze personali per aiutare i lettori a diventare creatori di successo su TikTok.

Questo libro è stato diviso in sei sezioni principali, ognuna delle quali si concentra su un aspetto specifico della creazione di contenuti su TikTok. La prima sezione, "Introduzione a TikTok", fornisce una panoramica della piattaforma e delle sue funzionalità principali. La seconda sezione, "Creazione dei contenuti", fornisce consigli e strategie per creare contenuti interessanti e coinvolgenti che attirino l'attenzione del pubblico.

La terza sezione, "Strategie di crescita", fornisce consigli su come aumentare la visibilità dei propri contenuti, raggiungere nuovi follower e creare un pubblico fedele sulla piattaforma. La quarta sezione, "Collaborazione con altri creatori", fornisce consigli su come collaborare con altri creatori di TikTok per aumentare la propria visibilità e raggiungere nuovi follower.

La quinta sezione, "Analisi dei dati di TikTok Analytics", fornisce informazioni su come utilizzare i dati di TikTok Analytics per comprendere il proprio pubblico e migliorare la propria strategia sui social media. La sesta e ultima sezione, "Mantenere la motivazione e superare i momenti di blocco creativo", fornisce consigli su come mantenere la motivazione nella creazione dei contenuti su TikTok e superare i momenti di blocco creativo.

Questo libro è stato scritto per tutti coloro che vogliono diventare creatori di successo su TikTok, indipendentemente dal loro livello di esperienza. Speriamo che questo libro sia utile per voi e vi aiuti a raggiungere i vostri obiettivi sulla piattaforma. Buona lettura!

PROLOGO

Il prologo del libro "TikTok: La guida definitiva per i creatori" si apre con un'immagine familiare: quella del cellulare sempre a portata di mano, sul quale scorrono ininterrottamente video di ogni genere. È proprio questo il cuore pulsante di TikTok, la piattaforma che ha rivoluzionato il modo in cui i contenuti video vengono creati, condivisi e fruttati. Ma come si fa a emergere tra i milioni di video già presenti su TikTok e diventare un creator di successo?

Questo libro è pensato proprio per rispondere a questa domanda, per guidare tutti coloro che vogliono diventare dei creatori di successo su TikTok, o semplicemente per coloro che vogliono migliorare la propria presenza sulla piattaforma.

In queste pagine, Greta Perla ha raccolto tutti i consigli, le strategie e le tecniche per creare contenuti coinvolgenti, raggiungere nuovi follower e diventare un creator di successo su TikTok. Dalle basi della piattaforma alla creazione di video accattivanti, fino alla costruzione di un'immagine personale vincente, questo libro ti accompagnerà passo dopo passo verso il successo.

Ma non si tratta solo di una semplice guida pratica: il libro offre anche spunti di riflessione sulla società contemporanea, sulle nuove forme di comunicazione e sui nuovi modelli di business.

In fondo, TikTok è molto più di una semplice app per creare e condividere video: è diventata una piattaforma globale, in cui si possono creare comunità, esplorare nuovi interessi, scoprire nuove tendenze e connettersi con persone di tutto il mondo.

E questo libro, con la sua lunga esperienza nel mondo del marketing digitale e della comunicazione online, è un invito a entrare a far parte di questa comunità, a creare contenuti coinvolgenti e a esprimere la propria creatività in un modo completamente nuovo.

CAPITOLO 1: INTRODUZIONE A TIKTOK

In questo capitolo introduttivo, verrà spiegato cos'è TikTok, come funziona l'algoritmo dell'app e quali sono le opportunità per diventare famosi.

TikTok è un'applicazione di social media che ha visto una rapida crescita di popolarità negli ultimi anni. Fondata nel 2016, TikTok ha conquistato un vasto pubblico di utenti di tutto il mondo, con una base di oltre un miliardo di utenti attivi mensili.

TikTok offre una piattaforma di condivisione video che consente agli utenti di creare e condividere brevi clip musicali, sketch comici, tutorial e molto altro. L'app è diventata particolarmente popolare tra i giovani, che hanno abbracciato il formato video corto e l'interfaccia facile da usare dell'app.

Una delle caratteristiche distintive di TikTok è il suo algoritmo di raccomandazione. L'algoritmo analizza i dati di utilizzo degli utenti, come i video che hanno guardato, i commenti che hanno lasciato e i video che hanno creato, per creare un feed personalizzato di contenuti consigliati. Questo significa che gli utenti possono scoprire nuovi contenuti e creatori che potrebbero non aver trovato altrimenti.

Per diventare famosi su TikTok, è necessario creare contenuti originali e coinvolgenti che catturino l'attenzione degli utenti. Molti creatori di TikTok hanno utilizzato l'app per diventare celebrità online, guadagnando un grande seguito di fan e collaborando con marchi e aziende per sponsorizzare i loro prodotti.

Sebbene TikTok offra molte opportunità per diventare famosi e costruire una carriera online, diventare un successo su TikTok richiede tempo, impegno e creatività. I creatori devono avere una forte presenza online e un forte senso dell'umorismo per avere successo sulla piattaforma.

In questo libro, esploreremo le strategie e le tecniche utilizzate dai creatori di TikTok di successo per costruire la loro presenza online e guadagnare un grande seguito di fan. Esamineremo anche l'algoritmo di TikTok e come utilizzarlo a proprio vantaggio, insieme a consigli e trucchi per creare contenuti coinvolgenti e di alta qualità.

Non importa se sei un aspirante creatore di contenuti o semplicemente vuoi saperne di più su TikTok, questo libro è progettato per aiutarti a sfruttare al meglio le opportunità offerte dalla piattaforma e raggiungere i tuoi obiettivi di fama e successo online.

Inoltre, TikTok è diventato un importante strumento di marketing per le aziende, che cercano di raggiungere il pubblico giovane attraverso la sponsorizzazione dei creatori di TikTok. Molti marchi hanno collaborato con i creatori di TikTok per creare video sponsorizzati che promuovono i loro prodotti o servizi.

Tuttavia, i creatori di TikTok devono anche essere attenti all'etica della sponsorizzazione e alla trasparenza con il loro pubblico. È importante che i creatori rivelino quando stanno promuovendo prodotti sponsorizzati per mantenere la fiducia del loro pubblico.

Inoltre, TikTok ha avuto anche un impatto culturale significativo, influenzando le tendenze della moda, della musica e del comportamento. Molti dei suoni e delle canzoni presenti su TikTok sono diventati virali, creando un effetto di diffusione in tutto il mondo. TikTok è diventato anche una piattaforma per l'attivismo sociale, con molti utenti che utilizzano l'app
per sensibilizzare su questioni importanti come il cambiamento climatico, la giustizia sociale e la politica.

In conclusione, TikTok è una piattaforma di social media unica che ha visto una crescita esplosiva di popolarità in tutto il mondo. Offre opportunità per diventare famosi, guadagnare denaro e promuovere prodotti, ma richiede anche creatività, impegno e un forte senso dell'umorismo. In questo libro, esploreremo le strategie utilizzate dai creatori di successo per costruire la loro presenza online e utilizzare l'algoritmo di TikTok a proprio vantaggio. Se sei interessato a TikTok o vuoi diventare un creatore di successo sulla piattaforma, questo libro è per te.

CAPITOLO 2: CREAZIONE DEL PROFILO

In questo capitolo si parlerà di come creare un profilo efficace su TikTok, scegliere il nome utente, la foto del profilo e la descrizione.

Creare un profilo efficace su TikTok è essenziale per avere successo sulla piattaforma. Il tuo profilo è la tua carta d'identità su TikTok e rappresenta la tua personalità, il tuo stile e il tuo contenuto. In questo capitolo, esploreremo i passaggi necessari per creare un profilo professionale ed efficace su TikTok.

1. Scegli il tuo nome utente

Il nome utente che scegli su TikTok sarà il tuo identificatore unico sulla piattaforma. Pertanto, è importante scegliere un nome che sia facile da ricordare e che si adatti al tuo stile e al tuo contenuto. Il tuo nome utente dovrebbe essere rilevante per il tuo pubblico di riferimento e facilmente riconoscibile.

In generale, è consigliabile evitare nomi utente troppo complicati o difficili da pronunciare. Invece, scegli un nome che rifletta la tua personalità e il tuo contenuto, come un soprannome o un riferimento a un interesse specifico.

2. Scegli la tua foto del profilo

La foto del profilo è la tua immagine rappresentativa sulla piattaforma e deve essere scelta con cura. In generale, è consigliabile utilizzare una foto del viso in modo che gli utenti possano associare il tuo nome utente a un volto. Evita di utilizzare immagini poco chiare o foto di gruppo in cui sei difficile da individuare.

Inoltre, la foto del profilo dovrebbe riflettere il tuo stile e il tuo contenuto. Se il tuo contenuto è incentrato sulla moda, ad esempio, potresti scegliere una foto in cui sei vestito con un abbigliamento trendy. Se il tuo contenuto fosse incentrato sulla comicità, potresti scegliere una foto che mostri il tuo senso dell'umorismo.

3. Scrivi una descrizione accattivante

La descrizione del profilo è la tua opportunità per presentarti al pubblico di TikTok. Questa sezione dovrebbe contenere una breve descrizione di chi sei e di cosa ti piace fare. Puoi utilizzare questa sezione per evidenziare il tuo contenuto, i tuoi interessi e la tua personalità.

È importante creare una descrizione accattivante che catturi l'attenzione degli utenti e li invogli a seguirti. Evita di scrivere descrizioni noiose o troppo generiche e cerca di essere originale e creativo. Inoltre, puoi includere un link al tuo sito web o a un altro social media per offrire ai tuoi fan ulteriori informazioni su di te.

4. Configura le impostazioni di privacy

Prima di iniziare a creare contenuti su TikTok, è importante configurare le impostazioni di privacy del tuo profilo. Puoi decidere se il tuo profilo è pubblico o privato, se gli utenti possono commentare sui tuoi video e se gli altri utenti possono inviarti messaggi diretti.

In generale, è consigliabile configurare il tuo profilo come pubblico per ottenere una maggiore visibilità e una maggiore possibilità di ottenere follower. Tuttavia, se hai problemi

di privacy o desideri limitare l'accesso al tuo profilo, puoi configurarlo come privato. In
questo modo, solo le persone che segui o che sono autorizzate da te possono vedere i tuoi video e interagire con il tuo profilo.

Inoltre, puoi utilizzare le impostazioni di privacy per gestire i commenti sui tuoi video. Puoi decidere se consentire a tutti di commentare sui tuoi video o limitare i commenti solo ai tuoi follower. In questo modo, puoi evitare commenti indesiderati o offensivi sul tuo contenuto.

In sintesi, la creazione di un profilo efficace su TikTok richiede cura e attenzione ai dettagli. Scegli un nome utente facile da ricordare e che rifletta la tua personalità e il tuo contenuto. Scegli una foto del profilo che sia chiara e rappresenti il tuo stile e il tuo contenuto. Scrivi una descrizione accattivante per presentarti al pubblico di TikTok e configura le impostazioni di privacy del tuo profilo per gestire la visibilità e l'interazione con il tuo contenuto. Seguendo questi semplici passaggi, sarai in grado di creare un profilo professionale ed efficace su TikTok e di aumentare la tua visibilità sulla piattaforma.

CAPITOLO 3: CREAZIONE DEI CONTENUTI

*In questo capitolo si spiegherà
come creare contenuti originali,
quali sono i formati di video
più popolari su TikTok e come
utilizzare gli effetti speciali.*

La creazione dei contenuti è uno dei principali fattori che determinano il successo su TikTok. Creare contenuti originali e interessanti è fondamentale per attirare l'attenzione degli utenti e aumentare il tuo seguito. In questo capitolo, esploreremo come creare contenuti di qualità su TikTok e quali sono i formati di video più popolari.

Creare contenuti originali

La prima regola per creare contenuti originali su TikTok è la creatività. È importante avere idee uniche e originali per differenziarsi dagli altri utenti. Se vuoi essere creativo, non limitarti a copiare gli altri, ma cerca di essere originale.

Inoltre, è importante prestare attenzione alla qualità dei tuoi video. Utilizza sempre un buon sistema di registrazione audio e video, controlla la luce e fai attenzione alle immagini sfocate. Se i tuoi video fossero di bassa qualità, gli utenti potrebbero perdere interesse e passare ad altri contenuti.

I formati di video più popolari su TikTok

TikTok offre una vasta gamma di formati di video che puoi utilizzare per creare i tuoi contenuti. Ecco alcuni dei formati più popolari:

- Video musicali: i video musicali sono uno dei formati più popolari su TikTok. Puoi utilizzare una canzone di tendenza per creare un video divertente o utilizzare la musica per enfatizzare un messaggio specifico.
- Video comici: i video comici sono un altro formato popolare su TikTok. Puoi creare video di scherzi, parodie o sketch divertenti per intrattenere i tuoi follower.
- Video di danza: i video di danza sono molto popolari su TikTok. Puoi creare una coreografia divertente o utilizzare una canzone di tendenza per creare un video di danza coinvolgente.
- Video tutorial: i video tutorial sono un ottimo modo per condividere le tue conoscenze e competenze con gli utenti di TikTok. Puoi creare tutorial su qualsiasi argomento, dalle ricette di cucina alle tecniche di trucco.
- Video di sfide: i video di sfide sono un altro formato popolare su TikTok. Puoi partecipare a una sfida esistente o creare la tua sfida originale per coinvolgere i tuoi follower.

Utilizzare gli effetti speciali

Gli effetti speciali sono un altro strumento che puoi utilizzare per creare contenuti interessanti su TikTok. La piattaforma offre una vasta gamma di effetti speciali, come filtri, transizioni e sovrapposizioni. Ecco alcuni degli effetti più popolari su TikTok:

- Filtri facciali: i filtri facciali sono un modo divertente per modificare il tuo aspetto e creare effetti visivi interessanti.

- Transizioni: le transizioni sono un ottimo modo per passare da un'immagine all'altra in modo fluido.

- Sovrapposizioni: le sovrapposizioni sono un modo creativo per aggiungere elementi visivi ai tuoi video. Puoi utilizzare immagini, testo o animazioni per creare un effetto interessante.
- Slow motion: lo slow motion è un effetto che rallenta il movimento del video, creando un effetto visivo coinvolgente e spettacolare.

In generale, gli effetti speciali sono un ottimo modo per rendere i tuoi video più interessanti e coinvolgenti. Tuttavia, è importante non esagerare con gli effetti speciali, altrimenti potrebbero distrarre l'attenzione degli utenti dal contenuto del tuo video.

In conclusione, creare contenuti originali, utilizzare i formati di video più popolari e gli effetti speciali possono aiutarti a creare contenuti di qualità su TikTok. È importante sperimentare e trovare il proprio stile per distinguersi dagli altri utenti. Ricorda sempre di prestare attenzione alla qualità dei tuoi video e di essere creativo e originale.

CAPITOLO 4: SCELTA DEL TARGET DI RIFERIMENTO

In questo capitolo si parlerà di come scegliere il target di riferimento per i tuoi video, in modo da avere più successo con un pubblico specifico.

La scelta del target di riferimento è un elemento cruciale per il successo di qualsiasi contenuto su TikTok. Se vuoi creare video che attirino l'attenzione degli utenti e aumentino il tuo seguito, devi sapere chi è il tuo pubblico di riferimento e come raggiungerlo.

In questo capitolo, esploreremo alcuni dei fattori chiave che dovresti considerare quando scegli il target di riferimento per i tuoi video su TikTok.

Identifica la tua nicchia di mercato

La prima cosa da fare quando si sceglie il target di riferimento è identificare la tua nicchia di mercato. Questo significa che devi sapere esattamente quale tipo di contenuto stai producendo e a chi si rivolge.

Ad esempio, se crei contenuti sulla bellezza, il tuo target di riferimento potrebbe essere costituito da donne di età compresa tra i 18 e i 35 anni interessate al trucco e alla cura della pelle. Se crei video di viaggio, il tuo pubblico di riferimento potrebbe essere costituito da persone appassionate di viaggi di età compresa tra i 25 e i 45 anni.

La tua nicchia di mercato dovrebbe essere abbastanza specifica da identificare un gruppo di utenti che hanno interessi simili, ma non così ristretta da limitare il tuo potenziale pubblico.

Ricerca il tuo pubblico

Una volta che hai identificato la tua nicchia di mercato, devi fare una ricerca sul tuo pubblico. Scopri quali sono i loro interessi, le loro esigenze e i loro comportamenti online.

Ci sono diversi strumenti che puoi utilizzare per fare ricerca di mercato e capire il tuo pubblico su TikTok. Ad esempio, puoi utilizzare TikTok Analytics per vedere le statistiche del tuo profilo, come il numero di follower, la demografia dei tuoi utenti e i dati di coinvolgimento.

Puoi anche utilizzare strumenti di ricerca di parole chiave, come Google Trends, per scoprire quali sono i temi di tendenza nella tua nicchia di mercato. In questo modo, puoi creare contenuti che rispondono alle esigenze del tuo pubblico e utilizzare le parole chiave giuste per migliorare la visibilità dei tuoi video.

Crea contenuti personalizzati per il tuo pubblico

Una volta che hai identificato la tua nicchia di mercato e capito il tuo pubblico, puoi iniziare a creare contenuti personalizzati per loro. Questo significa che devi creare video che rispondano alle esigenze e alle esigenze del tuo pubblico.

Ad esempio, se il tuo pubblico è costituito da appassionati di sport, potresti creare video che mostrano gli allenamenti dei tuoi atleti preferiti o le migliori tattiche per vincere una partita. Se il tuo pubblico fosse composto da genitori, potresti creare video che mostrano come organizzare feste di compleanno creative per i bambini.

Inoltre, dovresti cercare di creare contenuti che siano unici e originali. Non limitarti a copiare quello che fanno gli altri, ma cerca di essere creativo e di offrire qualcosa di nuovo e **diverso. In questo modo, sarai in grado di distinguerti dalla concorrenza e attirare l'attenzione del tuo pubblico.**

Utilizza gli hashtag appropriati

Infine, quando scegli il tuo target di riferimento, è importante utilizzare gli hashtag appropriati per migliorare la visibilità dei tuoi video su TikTok. Gli hashtag aiutano gli utenti a trovare il tuo contenuto e ad aumentare il tuo seguito.

Tuttavia, non utilizzare troppi hashtag o hashtag generici che non sono pertinenti al tuo contenuto. Invece, utilizza hashtag specifici che sono pertinenti alla tua nicchia di mercato e al tuo pubblico.

Inoltre, è possibile utilizzare gli hashtag dei tuoi concorrenti per attirare l'attenzione del loro pubblico. Ad esempio, se un concorrente ha un grande seguito di utenti interessati ai viaggi, puoi utilizzare gli stessi hashtag per aumentare la visibilità dei tuoi video agli occhi di quel pubblico.

In sintesi, scegliere il target di riferimento è essenziale per il successo dei tuoi video su TikTok. Identifica la tua nicchia di mercato, fai una ricerca sul tuo pubblico, crea contenuti personalizzati per loro e utilizza gli hashtag appropriati per migliorare la visibilità dei tuoi video. Con un approccio strategico e mirato, sarai in grado di raggiungere un pubblico più ampio e aumentare il tuo seguito su TikTok.

CAPITOLO 5: USO DEGLI HASHTAG

In questo capitolo verrà spiegato come usare gli hashtag per aumentare la visibilità dei tuoi video e raggiungere un pubblico più ampio.

Gli hashtag sono uno strumento potentissimo per aumentare la visibilità dei tuoi video su TikTok. Grazie agli hashtag, infatti, è possibile raggiungere un pubblico più ampio e ottenere maggiori visualizzazioni.

In questo capitolo, esploreremo come utilizzare gli hashtag in modo efficace per promuovere i tuoi video su TikTok.

Che cosa sono gli hashtag? Gli hashtag sono parole o frasi precedute dal simbolo "#" che vengono utilizzate per categorizzare i contenuti sui social media. TikTok utilizza gli hashtag come strumento di ricerca per aiutare gli utenti a trovare contenuti specifici.

Gli hashtag sono importanti perché permettono ai tuoi video di essere trovati più facilmente da utenti che cercano contenuti relativi alla tua nicchia di mercato.

Come scegliere gli hashtag giusti

La scelta degli hashtag giusti è fondamentale per il successo dei tuoi video su TikTok. Ecco alcuni consigli su come scegliere gli hashtag giusti per i tuoi video:

- Scegli hashtag pertinenti: gli hashtag devono essere pertinenti al tuo video e alla tua nicchia di mercato. Ad esempio, se il tuo video riguarda la cucina, dovresti utilizzare hashtag come #ricette, #cucina, #food, #cibo, ecc.
- Scegli hashtag popolari: utilizza hashtag che sono popolari nella tua nicchia di mercato. Puoi trovare hashtag popolari facendo una ricerca su TikTok o su altri social media.
- Scegli hashtag specifici: utilizza hashtag specifici per il tuo video. Ad esempio, se il tuo video riguarda una ricetta vegana, utilizza hashtag come #vegan, #cucinavegana, #vegano, ecc.

Come utilizzare gli hashtag

Una volta che hai scelto gli hashtag giusti, devi utilizzarli correttamente per ottenere il massimo beneficio. Ecco alcuni consigli su come utilizzare gli hashtag in modo efficace:

- Utilizza un massimo di 3-4 hashtag per video: non utilizzare troppi hashtag in un video, altrimenti rischi di apparire spammy e di perdere credibilità. Utilizza invece un massimo di 3-4 hashtag pertinenti per il tuo video.
- Inserisci gli hashtag nella descrizione del video: inserisci gli hashtag nella descrizione del tuo video in modo che siano facilmente riconoscibili dagli utenti.
- Utilizza hashtag anche nei commenti: puoi utilizzare gli hashtag anche nei commenti per aumentare la visibilità del tuo video.

Come trovare hashtag pertinenti

Per trovare gli hashtag giusti, devi fare una ricerca sulla tua nicchia di mercato e sui contenuti simili ai tuoi. Ecco alcuni modi per trovare hashtag pertinenti:

- Cerca su TikTok: fai una ricerca su TikTok

utilizzando parole chiave relative alla tua nicchia di mercato e guarda gli hashtag utilizzati nei video più popolari.

- Utilizza strumenti di ricerca di hashtag: ci sono diversi strumenti online che puoi utilizzare per trovare gli hashtag giusti. Ad esempio, puoi utilizzare strumenti come Hashtagify per trovare hashtag correlati alle tue parole chiave.
- Osserva i tuoi concorrenti: osserva gli hashtag utilizzati dai tuoi concorrenti e prendi spunto da quelli che sono pertinenti alla tua nicchia di mercato.

In conclusione, gli hashtag sono uno strumento potente per aumentare la visibilità dei tuoi video su TikTok. La scelta degli hashtag giusti e il loro utilizzo corretto possono fare la differenza tra un video che passa inosservato e un video che diventa virale. Scegli hashtag pertinenti, popolari e specifici per il tuo video e utilizzali in modo efficace nella descrizione e nei commenti. Ricorda di fare una ricerca approfondita sulla tua nicchia di mercato e sui contenuti simili ai tuoi per trovare gli hashtag giusti. Con un po' di pratica e di esperienza, potrai sfruttare al meglio gli hashtag per promuovere i tuoi video su TikTok e raggiungere un pubblico più ampio.

CAPITOLO 6: COLLABORAZIONI

In questo capitolo si parlerà
di come collaborare con altri
creatori su TikTok, in modo da
aumentare la propria visibilità e
raggiungere nuovi pubblici.

Le collaborazioni su TikTok sono diventate un metodo sempre più popolare per i creatori di contenuti per aumentare la loro visibilità e raggiungere nuovi pubblici. In questo capitolo, esploreremo i vantaggi delle collaborazioni su TikTok e come organizzarle in modo efficace.

I vantaggi delle collaborazioni su TikTok Le collaborazioni su TikTok offrono numerosi vantaggi per i creatori di contenuti. Ecco alcuni dei vantaggi più importanti:

Aumento della visibilità: collaborare con altri creatori può aumentare la visibilità dei tuoi video, poiché puoi raggiungere il pubblico dei tuoi collaboratori.

Credibilità: collaborare con altri creatori può aumentare la tua credibilità agli occhi del pubblico, in quanto dimostra che sei in grado di lavorare con altri creatori e di creare contenuti di alta qualità.

Creatività: collaborare con altri creatori può portare a una maggiore creatività e innovazione nei tuoi video, poiché puoi integrare le idee degli altri creatori nei tuoi video.

Come organizzare una collaborazione su TikTok Organizzare una collaborazione su TikTok può sembrare complicato, ma in realtà è abbastanza semplice se segui alcuni passaggi chiave. Ecco come organizzare una collaborazione su TikTok:

5. Identifica i creatori con cui vuoi collaborare: la prima cosa da fare è identificare i creatori con cui vuoi collaborare. Cerca creatori con un pubblico simile al tuo e con contenuti simili ai tuoi.

6. Contatta i creatori: contatta i creatori tramite DM o e-mail e proponi loro una collaborazione. Descrivi il tipo di video che vuoi creare e chiedi loro se sono interessati a collaborare con te.

7. Organizza i dettagli: una volta che i creatori sono d'accordo sulla collaborazione, organizza i dettagli come il tema del video, la data di pubblicazione e il modo in cui i video saranno taggati e promossi sui social media.

8. Crea il video: crea il video insieme ai tuoi collaboratori. Assicurati di comunicare e coordinare con loro durante tutto il processo di creazione del video.

9. Pubblica il video: pubblica il video sul tuo account TikTok e assicurati di taggare i tuoi collaboratori nel video e nella descrizione.

Consigli per le collaborazioni su TikTok Ecco alcuni consigli per organizzare e realizzare collaborazioni su TikTok in modo efficace:

Sii chiaro sulla tua visione: comunica chiaramente la tua visione per il video e assicurati che tutti i creatori coinvolti siano d'accordo su ciò che si vuole creare.

Coordinati con i tuoi collaboratori: assicurati di comunicare e coordinare con i tuoi collaboratori durante tutto il processo di creazione del video.

Promuovi il video: una volta che il video è stato pubblicato, promuovilo sui social media e tagga i tuoi collaboratori nel post.

Mantieni una buona relazione con i tuoi collaboratori: cerca di mantenere una buona relazione con i tuoi collaboratori per future collaborazioni e per il sostegno reciproco dei contenuti.

Conclusioni Le collaborazioni su TikTok possono essere un modo efficace per aumentare la visibilità e la credibilità dei creatori di contenuti, nonché per stimolare la creatività e l'innovazione. Organizzare una collaborazione su TikTok può sembrare complicato, ma seguendo alcuni passaggi chiave come l'identificazione dei creatori con cui si vuole collaborare, la comunicazione chiara della visione del video, la coordinazione durante il processo di creazione del video e la promozione sui social media, è possibile realizzare collaborazioni di successo.

È importante mantenere una buona relazione con i tuoi collaboratori per future collaborazioni e per il sostegno reciproco dei contenuti. Inoltre, le collaborazioni su TikTok offrono ai creatori di contenuti l'opportunità di raggiungere un pubblico più ampio e diversificato, che può aiutare a far crescere il proprio account e a raggiungere nuovi traguardi.

CAPITOLO 7: PARTECIPAZIONE ALLE CHALLENGE

In questo capitolo si spiegherà come partecipare alle challenge di TikTok, in modo da sfruttare al meglio le opportunità offerte dall'app.

Le challenge su TikTok sono uno dei modi più popolari per partecipare alla community e diventare virale. In questo capitolo, esploreremo i vantaggi della partecipazione alle challenge di TikTok e come partecipare in modo efficace.

I vantaggi della partecipazione alle challenge su TikTok La partecipazione alle challenge su TikTok offre numerosi vantaggi per i creatori di contenuti. Ecco alcuni dei vantaggi più importanti:

Aumento della visibilità: le challenge di TikTok sono spesso seguite da milioni di utenti; quindi, partecipare a una challenge può aumentare la visibilità dei tuoi video e del tuo profilo.

Esposizione alla community: partecipare a una challenge ti espone alla community di TikTok e ti permette di connetterti con altri creatori di contenuti.

Aumento della creatività: le challenge di TikTok spesso

richiedono un'alta dose di creatività, il che può aiutare a sviluppare le tue abilità creative.

Come partecipare alle challenge di TikTok Partecipare alle challenge di TikTok è abbastanza semplice, ma ci sono alcuni passaggi chiave da seguire per partecipare in modo efficace.

Ecco come partecipare alle challenge di TikTok:

10. Trova la challenge giusta: cerca tra le challenge disponibili su TikTok e trova quella che si adatta meglio ai tuoi interessi e alle tue capacità.

11. Crea il tuo video: crea il tuo video seguendo le istruzioni della challenge. Assicurati di utilizzare l'hashtag della challenge nella descrizione del tuo video.

12. Utilizza gli effetti di TikTok: utilizza gli effetti di TikTok per rendere il tuo video più accattivante e divertente.

13. Promuovi il tuo video: promuovi il tuo video sui social media e chiedi ai tuoi amici di condividerlo per aumentare la visibilità.

Consigli per partecipare alle challenge di TikTok Ecco alcuni consigli per partecipare alle challenge di TikTok in modo efficace:

14. Sii creativo: cerca di essere il più creativo possibile nel tuo video e cerca di distinguerti dagli altri partecipanti.

15. Utilizza le tendenze: se ci sono tendenze o meme popolari su TikTok, cerca di integrarli nella tua challenge per attirare l'attenzione dei tuoi follower.

16. Sii autentico: sii autentico e originale nel tuo video. Evita di copiare altri video o di imitare altri creatori.

17. Usa il giusto hashtag: assicurati di utilizzare il giusto hashtag nella descrizione del tuo video per aumentare la visibilità e la possibilità di essere visto dai follower della challenge.

18. Interagisci con la community: interagisci con gli altri partecipanti alla challenge e con i follower della challenge per costruire relazioni e aumentare la tua visibilità.

Conclusioni Partecipare alle challenge di TikTok è un modo divertente e creativo per entrare a far parte della community di TikTok e aumentare la visibilità dei tuoi video e del tuo profilo. Con questi consigli, sarai in grado di partecipare alle challenge di TikTok in modo efficace e divertente.

Inoltre, partecipare alle challenge di TikTok può anche aiutare a migliorare le abilità di montaggio video e di storytelling. La maggior parte delle challenge richiede la creazione di un video con una trama o una storia coerente, il che può essere un'ottima opportunità per sviluppare le tue capacità di storytelling.

Tuttavia, è importante notare che partecipare alle challenge di TikTok non garantisce automaticamente il successo o la virale dei tuoi video. Ci sono molti fattori che contribuiscono al successo sui social media, come la qualità del contenuto, la coerenza del tuo stile, la frequenza dei tuoi post e la tua capacità di interagire con la community.

Inoltre, ricorda che TikTok è una piattaforma in costante evoluzione; quindi, le tendenze e le dinamiche della community possono cambiare rapidamente. È importante rimanere aggiornati sulle ultime tendenze e adattarsi di conseguenza per mantenere la tua presenza su TikTok fresca e rilevante.

In definitiva, la partecipazione alle challenge di TikTok può essere un'ottima opportunità per aumentare la visibilità dei tuoi video e connetterti con altri creatori di contenuti. Seguendo questi consigli e sfruttando la tua creatività, puoi creare video coinvolgenti e divertenti che catturano l'attenzione degli utenti di TikTok e ti aiutano a raggiungere i tuoi obiettivi sui social media.

CAPITOLO 8: PUBBLICAZIONE COSTANTE DI CONTENUTI

In questo capitolo si parlerà di come mantenere una presenza costante su TikTok, pubblicando nuovi video regolarmente.

La pubblicazione costante di contenuti è uno dei fattori chiave per il successo su TikTok. In questo capitolo, esploreremo l'importanza della pubblicazione regolare di video su TikTok e come creare una strategia di pubblicazione efficace.

L'importanza della pubblicazione costante di contenuti su TikTok

TikTok è una piattaforma basata sui contenuti e la pubblicazione regolare di video è essenziale per mantenere un profilo attivo e raggiungere nuovi follower. Ecco alcuni dei motivi per cui la pubblicazione costante di contenuti è così importante su TikTok:

Aumento dell'interesse dei follower: i follower di TikTok sono alla ricerca di nuovi video interessanti e divertenti da guardare. Pubblicando video regolarmente, puoi mantenere vivo l'interesse dei tuoi follower e attirare nuovi seguaci.

Miglioramento dell'algoritmo di TikTok: TikTok premia i creatori di contenuti che pubblicano regolarmente video di alta qualità. Pubblicando video regolarmente, puoi migliorare il tuo posizionamento nell'algoritmo di TikTok e raggiungere un pubblico più ampio.

Mantenimento dell'attenzione dei follower: se non pubblichi regolarmente video su TikTok, i tuoi follower potrebbero perdere interesse e smettere di seguirti. La pubblicazione costante di contenuti è un modo per mantenere l'attenzione dei tuoi follower e aumentare l'engagement.

Come creare una strategia di pubblicazione efficace su TikTok Per creare una strategia di pubblicazione efficace su TikTok, è necessario considerare diversi fattori, come la frequenza di pubblicazione, il tipo di contenuto e gli orari di pubblicazione. Ecco alcuni consigli per creare una strategia di pubblicazione efficace su TikTok:

Stabilisci una frequenza di pubblicazione: la frequenza di pubblicazione dipende dalle tue capacità e dal tempo che hai a disposizione. In genere, è consigliabile pubblicare almeno 2-3 video alla settimana per mantenere un profilo attivo.

Pianifica il tuo contenuto: pianifica i tuoi video in anticipo e cerca di creare una varietà di contenuti interessanti e divertenti. Puoi creare video su argomenti diversi o su un tema specifico per mantenere un profilo coerente.

Utilizza le funzionalità di TikTok: utilizza le funzionalità di TikTok, come gli effetti, le canzoni e le sfide, per creare video originali e coinvolgenti.

Considera gli orari di pubblicazione: pubblica i tuoi video in orari in cui il tuo pubblico target è più attivo su TikTok. Puoi monitorare le tue statistiche per capire quando i tuoi follower sono più attivi.

Monitora le tue statistiche: monitora le tue statistiche per capire quali video funzionano meglio e quali no. Questo ti aiuterà a migliorare la tua strategia di pubblicazione nel tempo.

Consigli per mantenere una presenza costante su TikTok Ecco alcuni consigli per mantenere una presenza costante su TikTok: Crea un calendario di pubblicazione: crea un calendario di pubblicazione per pianificare i tuoi video in anticipo e mantenere una pubblicazione regolare.

Organizza le tue idee: organizza le tue idee e le tue ispirazioni per creare nuovi contenuti interessanti e originali.

Collabora con altri creatori di contenuti: la collaborazione con altri creatori di contenuti è un'ottima strategia per raggiungere un pubblico più ampio e mantenere la tua presenza costante su TikTok.

Coinvolgi il tuo pubblico: coinvolgi il tuo pubblico con sondaggi, domande e sfide per mantenere vivo l'engagement e la tua presenza su TikTok.

Ricorda di essere coerente: mantieni una coerenza nel tuo profilo e nei tuoi video per creare un'immagine di marca riconoscibile e fedele alla tua personalità.

In sintesi, la pubblicazione costante di contenuti è fondamentale per il successo su TikTok. Una strategia di pubblicazione efficace richiede la pianificazione del contenuto, la considerazione degli orari di pubblicazione e la collaborazione con altri creatori di contenuti. Per mantenere una presenza costante su TikTok, crea un calendario di pubblicazione, organizza le tue idee e coinvolgi il tuo pubblico con sfide e domande. Ricorda sempre di essere coerente nel tuo profilo e di mantenere una personalità autentica e originale. Con questi consigli, sarai in grado di mantenere una presenza costante su TikTok e raggiungere nuovi follower.

CAPITOLO 9: PROMOZIONE SUI SOCIAL MEDIA

In questo capitolo si spiegherà come utilizzare i social media per promuovere i tuoi video su TikTok, in modo da raggiungere un pubblico più vasto.

La promozione sui social media è uno strumento fondamentale per creare una strategia di marketing efficace su TikTok. Utilizzando i social media, puoi raggiungere un pubblico più ampio e aumentare l'engagement con i tuoi follower. In questo capitolo, esploreremo alcuni consigli su come utilizzare i social media per promuovere i tuoi video su TikTok.

19. Condividi i tuoi video sui social media

La prima cosa da fare è condividere i tuoi video su altri social media come Facebook,
Twitter, Instagram e LinkedIn. In questo modo, puoi raggiungere un pubblico più ampio e attirare l'attenzione dei tuoi follower sui social media. Inoltre, puoi aumentare l'engagement con i tuoi follower attraverso la condivisione dei tuoi contenuti su diversi canali.

20. Utilizza gli hashtag

Gli hashtag sono un modo efficace per far conoscere il tuo contenuto a un pubblico più vasto. Utilizza gli hashtag pertinenti per il tuo video su TikTok e assicurati di includerli anche nei tuoi post sui social media. In questo modo, le persone che cercano contenuti simili possono trovare i tuoi video facilmente.

21. Collabora con altri creatori di contenuti

La collaborazione con altri creatori di contenuti è un modo efficace per aumentare la tua visibilità sui social media. Cerca di collaborare con altri creatori di contenuti su TikTok o su altri social media. In questo modo, potrai raggiungere un pubblico più vasto e attrarre l'attenzione dei tuoi follower su diverse piattaforme.

22. Utilizza i social media per promuovere le tue attività in corso

Utilizza i social media per promuovere le tue attività in corso su TikTok, come ad esempio le sfide o le collaborazioni con altri creatori di contenuti. In questo modo, puoi coinvolgere i tuoi follower e invogliarli a partecipare alle tue attività.

23. Utilizza le pubblicità sui social media

Le pubblicità sui social media sono un altro modo efficace per promuovere i tuoi video su TikTok. Puoi utilizzare gli strumenti di pubblicità offerti dai social media per raggiungere un pubblico più vasto e attirare l'attenzione dei tuoi follower sui social media. Tuttavia, è importante assicurarsi di utilizzare la pubblicità in modo efficace per ottenere i migliori risultati.

24. Sii costante sui social media

Per ottenere i migliori risultati dalla promozione sui social media, è importante essere costanti. Assicurati di pubblicare regolarmente sui tuoi canali social e di interagire con il tuo pubblico. In questo modo, puoi mantenere l'attenzione dei tuoi follower e aumentare l'engagement con il tuo pubblico.

25. Utilizza il marketing di influencer

Il marketing di influencer è un altro modo efficace per promuovere i tuoi video su TikTok. Cerca di collaborare con influencer che hanno un pubblico simile al tuo e che potrebbero essere interessati al tuo contenuto. In questo modo, puoi raggiungere un pubblico più vasto e aumentare la tua visibilità sui social media.

26. Utilizza le storie sui social media

Le storie sui social media sono un modo efficace per promuovere i tuoi video su TikTok. Utilizza le storie per condividere brevi clip dei tuoi video o per annunciare le tue attività in corso. In questo modo, puoi coinvolgere il tuo pubblico e invogliarlo a visualizzare i tuoi contenuti.

Analizza i risultati della tua promozione sui social media

Per valutare l'efficacia della tua promozione sui social media, è importante analizzare i risultati delle tue attività. Utilizza gli strumenti di analisi offerti dai social media per valutare le performance dei tuoi post e delle tue pubblicità. In questo modo, puoi identificare i punti di forza e di debolezza della tua strategia di marketing e apportare eventuali miglioramenti.

In conclusione, la promozione sui social media è un'importante strategia di marketing per promuovere i tuoi video su TikTok. Utilizzando i social media in modo efficace, puoi raggiungere un pubblico più vasto e aumentare l'engagement con i tuoi follower. Assicurati di essere costante sui social media e di utilizzare gli strumenti di analisi per valutare i risultati delle tue attività. Con un po' di lavoro e dedizione, puoi creare una strategia di marketing efficace su TikTok e raggiungere i tuoi obiettivi di promozione.

CAPITOLO 10: MONITORAGGIO DELLE PERFORMANCE

In questo capitolo si parlerà di come monitorare le performance dei tuoi video su TikTok, analizzando i dati forniti dall'app.

Il monitoraggio delle performance è un aspetto importante della strategia di marketing su TikTok. Per comprendere l'efficacia dei tuoi video, è fondamentale analizzare i dati forniti dall'app e adottare misure correttive per migliorare le performance.

In questo capitolo, esploreremo come monitorare le performance dei tuoi video su TikTok e come utilizzare i dati forniti dall'app per migliorare la tua strategia di marketing.

Analizza le visualizzazioni dei tuoi video

Uno dei primi indicatori da considerare sono le visualizzazioni dei tuoi video. Le visualizzazioni rappresentano il numero di volte che il tuo video è stato visualizzato da un utente. Analizzare le visualizzazioni ti aiuterà a capire se il tuo video sta attirando l'attenzione del pubblico e a identificare eventuali problemi.

Se il numero di visualizzazioni fosse basso, potresti dover

rivedere la tua strategia di marketing e utilizzare tecniche di promozione sui social media per aumentare la visibilità del tuo video.

Analizza l'engagement del tuo pubblico

L'engagement del pubblico è un altro indicatore importante delle performance del tuo video. L'engagement rappresenta l'interazione degli utenti con il tuo contenuto, come i like, i commenti e le condivisioni.

Analizzare l'engagement ti aiuterà a capire se il tuo pubblico è coinvolto dal tuo contenuto. Se l'engagement fosse basso, potresti dover rivedere il tuo contenuto o la tua strategia di promozione sui social media.

Analizza la durata media della visualizzazione

La durata media della visualizzazione rappresenta il tempo medio che gli utenti trascorrono a guardare il tuo video. Analizzare questo indicatore ti aiuterà a capire se il tuo video sta mantenendo l'attenzione del pubblico.

Se la durata media della visualizzazione fosse bassa, potresti dover rivedere il tuo contenuto e renderlo più coinvolgente per il pubblico.

Analizza l'età e il genere del tuo pubblico TikTok fornisce informazioni sulle caratteristiche demografiche del tuo pubblico, come l'età e il genere. Analizzare queste informazioni ti aiuterà a capire se il tuo pubblico target sta guardando i tuoi video.

Se il tuo pubblico target non stesse guardando i tuoi video, potresti dover rivedere la tua strategia di marketing e utilizzare tecniche di promozione sui social media mirate al tuo pubblico target.

Utilizza i dati per migliorare la tua strategia di marketing

Una volta analizzati i dati, è importante utilizzarli per migliorare la tua strategia di marketing su TikTok. Ad esempio, se il tuo video ha poche visualizzazioni, potresti dover promuoverlo sui social media per aumentare la visibilità. Se la durata media della

visualizzazione fosse
bassa, potresti dover migliorare il contenuto del tuo video per
mantenere l'attenzione del pubblico.

Inoltre, se l'età e il genere del tuo pubblico target non
corrispondono alle tue aspettative, potresti dover rivedere la tua
strategia di marketing e utilizzare tecniche di promozione sui
social media mirate al tuo pubblico target.

Con l'utilizzo dei dati forniti da TikTok, puoi ottenere un'idea
chiara delle performance dei tuoi video e delle tue campagne
di marketing su questa piattaforma. Tuttavia, è importante non
limitarsi a una sola analisi, ma analizzare i dati nel tempo per
monitorare le tendenze e le evoluzioni delle performance dei tuoi
video.

In conclusione, il monitoraggio delle performance è un aspetto
fondamentale della strategia di marketing su TikTok. Analizzare
i dati forniti dall'app e adottare misure correttive per migliorare
le performance dei tuoi video ti aiuterà ad aumentare la
visibilità della tua attività e ad attirare l'attenzione del tuo
pubblico. Ricorda sempre di utilizzare i dati per prendere
decisioni informate e migliorare costantemente la tua strategia
di marketing.

CAPITOLO 11: COMUNICAZIONE CON IL PUBBLICO

In questo capitolo si spiegherà come interagire con il pubblico su TikTok, rispondendo ai commenti e alle domande.

Il pubblico su TikTok è sempre alla ricerca di contenuti nuovi ed emozionanti, e la comunicazione con loro è essenziale per mantenere l'interesse dei follower e raggiungere nuovi potenziali utenti. In questo capitolo, esploreremo come interagire con il pubblico su TikTok e forniremo alcuni suggerimenti utili per rispondere ai commenti e alle domande.

Rispondere ai commenti Rispondere ai commenti dei tuoi follower è un modo efficace per dimostrare che ti importa della loro opinione e che sei disponibile a interagire con loro.
Inoltre, rispondere ai commenti può aumentare l'engagement del tuo video, aumentando la visibilità del tuo contenuto.

Per rispondere ai commenti, dovresti dedicare del tempo ogni giorno a leggerli e a rispondere ai commenti pertinenti. Quando rispondi ai commenti, è importante essere gentile e rispettoso, anche se il commento non è del tutto positivo.

Puoi anche utilizzare l'opzione di risposta video per creare un video di risposta al commento. Questa opzione è un'ottima opportunità per creare un contenuto personalizzato per il tuo pubblico e dimostrare che sei attento alle loro esigenze.

Rispondere alle domande Rispondere alle domande dei tuoi follower è un altro modo per dimostrare che ti importa del loro interesse. Quando i follower fanno domande, rispondere con tempestività e precisione può essere la chiave per aumentare la fidelizzazione del tuo pubblico.

Per rispondere alle domande, dovresti dedicare del tempo a leggere le domande dei tuoi follower e fornire una risposta accurata e completa. Puoi anche utilizzare l'opzione di risposta video per creare un video di risposta alla domanda. Questo approccio rende la risposta più personalizzata e aiuta a creare un rapporto più forte con il tuo pubblico.

Utilizzare le tendenze per interagire con il pubblico

Le tendenze sono uno strumento prezioso per interagire con il pubblico su TikTok. Utilizzando le tendenze, puoi creare contenuti che risuonano con il tuo pubblico e mantenere il tuo account aggiornato con le ultime novità.

Inoltre, utilizzando le tendenze, puoi creare un dialogo con il tuo pubblico. Ad esempio, se stai utilizzando una tendenza, puoi chiedere ai tuoi follower di partecipare e creare un contenuto correlato. Questo può aumentare l'engagement del tuo video e creare un senso di comunità tra il tuo pubblico.

Essere autentici e trasparenti Essere autentici e trasparenti con il pubblico è essenziale su TikTok. Quando comunichi con il tuo pubblico, devi essere sempre onesto e sincero, sia che stia rispondendo a un commento o a una domanda.

Inoltre, devi essere coerente nella tua comunicazione. Se il tuo contenuto è incentrato su uno specifico argomento o tema, devi assicurarti che la tua comunicazione sia coerente con l'obiettivo del tuo account.

Conclusioni In conclusione, la comunicazione con il pubblico su

TikTok è un'attività fondamentale per mantenere l'interesse dei follower e raggiungere nuovi potenziali utenti.

Rispondere ai commenti e alle domande con gentilezza, tempestività e precisione può aumentare l'engagement del tuo video e fidelizzare il tuo pubblico.

Utilizzare le tendenze e creare contenuti autentici e trasparenti sono altri elementi cruciali per mantenere il tuo account TikTok aggiornato e costruire una comunità di follower affezionati. Ricorda sempre di comunicare in modo coerente con l'obiettivo del tuo account e di creare contenuti personalizzati per il tuo pubblico.

Infine, per comunicare efficacemente con il pubblico su TikTok, devi dedicare del tempo ogni giorno a leggere i commenti e le domande dei tuoi follower e rispondere con la massima cura e attenzione. Con questi consigli, sarai in grado di creare una connessione più forte con il tuo pubblico e costruire un account di successo su TikTok.

CAPITOLO 12: COLLABORAZIONI A PAGAMENTO

In questo capitolo si parlerà di come ottenere collaborazioni a pagamento su TikTok, lavorando con brand e aziende che vogliono sponsorizzare i tuoi video.

Collaborazioni a pagamento su TikTok sono diventate sempre più popolari nel corso degli anni, grazie alla crescente popolarità della piattaforma e al grande pubblico di utenti attivi. In questo capitolo, esploreremo come ottenere collaborazioni a pagamento su TikTok, lavorando con brand e aziende che vogliono sponsorizzare i tuoi video.

Creare un profilo TikTok di successo

Per ottenere collaborazioni a pagamento su TikTok, è importante avere un profilo di successo. Ciò significa avere un pubblico di follower attivi, che sono interessati al tuo contenuto e interagiscono regolarmente con i tuoi video.

Per creare un profilo di successo su TikTok, è importante concentrarsi sulla creazione di contenuti di alta qualità che si adattano alla tua nicchia di mercato. Ciò richiede la comprensione del tuo pubblico di riferimento e della loro età, interessi e attitudini. Inoltre, è importante avere una strategia di marketing solida per il tuo account, che includa la promozione del tuo account su altre piattaforme social, come Instagram e YouTube.

Utilizzare hashtag e tag dei brand

Gli hashtag e i tag dei brand sono un modo efficace per attrarre l'attenzione delle aziende che cercano collaborazioni a pagamento su TikTok. Utilizzando gli hashtag e i tag dei brand corretti, puoi far sì che le aziende trovino il tuo profilo e valutino la tua idoneità per le loro campagne pubblicitarie.

Quando si utilizzano gli hashtag e i tag dei brand, è importante farlo in modo coerente e pertinente al tuo contenuto. Ciò significa che devi selezionare gli hashtag e i tag dei brand che si adattano alla tua nicchia di mercato e alla tua area di interesse. Inoltre, è importante evitare di utilizzare hashtag e tag dei brand in modo eccessivo, poiché questo può essere considerato spam e danneggiare la tua reputazione su TikTok.

Utilizzare i servizi di influencer marketing

Un altro modo per ottenere collaborazioni a pagamento su TikTok è utilizzare i servizi di influencer marketing. Questi servizi lavorano come intermediari tra gli influencer e le aziende, aiutando a creare partnership pubblicitarie di successo.

Ci sono diversi servizi di influencer marketing disponibili sul mercato, e scegliere il servizio giusto per le tue esigenze dipende dalle tue preferenze personali e dalle tue esigenze di marketing. Tuttavia, i servizi di influencer marketing possono essere una scelta utile per gli influencer che cercano collaborazioni a pagamento su TikTok, poiché ti consentono di connetterti con aziende che cercano collaborazioni e di avere un maggiore controllo sulle partnership che scegli di accettare.

Collaborare direttamente con le aziende

Infine, gli influencer possono ottenere collaborazioni a

pagamento su TikTok lavorando direttamente con le aziende. Questo approccio richiede di trovare le aziende con cui si desidera collaborare e proporre un piano pubblicitario. Tuttavia, questo approccio può essere più redditizio a lungo termine, poiché ti consente di avere un controllo maggiore sui dettagli della partnership e sui termini del contratto. Tuttavia, è importante notare che lavorare direttamente con le aziende richiede anche una maggiore capacità di negoziazione e di vendita, poiché dovrai presentare e vendere te stesso e il tuo profilo TikTok all'azienda in questione. Inoltre, dovrai fare attenzione a non apparire troppo aggressivo o invadente, poiché questo potrebbe danneggiare la tua reputazione e la tua credibilità come influencer.

Quando si lavora con le aziende, è importante avere un chiaro piano pubblicitario e un'idea di ciò che si vuole ottenere dalla collaborazione. Ciò significa che devi comprendere gli obiettivi dell'azienda, i loro target di marketing e i messaggi che vogliono trasmettere attraverso la partnership. In questo modo, puoi creare un contenuto che soddisfi le esigenze dell'azienda e che sia pertinente per il tuo pubblico di follower.

Inoltre, è importante stabilire termini chiari per la partnership, come la durata della collaborazione, il budget, i requisiti di contenuto e le date di consegna. Questi dettagli dovrebbero essere specificati in un contratto, che dovrebbe essere firmato da entrambe le parti prima dell'inizio della collaborazione. Ciò ti consente di avere una maggiore sicurezza e di evitare eventuali malintesi o problemi futuri.

In conclusione, ottenere collaborazioni a pagamento su TikTok richiede tempo, impegno e una solida comprensione della piattaforma e del mercato di riferimento. Tuttavia, con la giusta strategia di marketing, la creazione di contenuti di alta qualità e l'utilizzo di servizi di influencer marketing, è possibile ottenere partnership pubblicitarie di successo e aumentare il tuo guadagno come influencer su TikTok.

CAPITOLO 13: GESTIONE DELLA PRIVACY

In questo capitolo si spiegherà come gestire la privacy su TikTok, in modo da proteggere la propria reputazione online e i propri dati personali.

La privacy è un'importante questione da affrontare per tutti coloro che utilizzano le piattaforme social, compreso TikTok. In questo capitolo, esploreremo come gestire la privacy su TikTok, in modo da proteggere la propria reputazione online e i propri dati personali.

Configurazione delle impostazioni di privacy

Il primo passo per gestire la privacy su TikTok è configurare correttamente le impostazioni di privacy dell'account. Questo può essere fatto accedendo alle impostazioni dell'account e selezionando "Privacy e sicurezza". Da qui, è possibile selezionare quali informazioni condividere con gli altri utenti, come ad esempio il proprio nome utente, la biografia, l'elenco dei follower e la lista dei video preferiti.

Inoltre, è possibile limitare l'accesso degli utenti alle proprie informazioni personali impostando il profilo su privato. In questo modo, solo gli utenti che si segue o che si approvano possono vedere i propri video e le informazioni personali.

Limitare la condivisione di informazioni personali.

Per proteggere ulteriormente la propria privacy su TikTok, è importante limitare la condivisione di informazioni personali. Ciò significa evitare di pubblicare informazioni come indirizzi di casa, numeri di telefono, indirizzi e-mail e altre informazioni sensibili.

Inoltre, è importante evitare di condividere informazioni su di sé o sulla propria vita privata che potrebbero essere utilizzate per individuare la propria posizione o la propria routine quotidiana. Questo potrebbe includere la condivisione di informazioni sul luogo di lavoro o sui luoghi frequentati di solito.

Controllare la propria attività di navigazione TikTok, come molte altre piattaforme social, utilizza l'attività di navigazione degli utenti per personalizzare il contenuto che viene mostrato. Ciò significa che la piattaforma può raccogliere informazioni sulle preferenze degli utenti e sui loro interessi per offrire contenuti più rilevanti.

Per limitare la condivisione di informazioni sulla propria attività di navigazione, è possibile accedere alle impostazioni dell'account e selezionare "Privacy e sicurezza". Da qui, è possibile disattivare l'opzione "Personalizza il tuo feed" per limitare la condivisione di informazioni sulla propria attività di navigazione.

Inoltre, è possibile cancellare la propria cronologia di navigazione su TikTok regolarmente. Ciò può essere fatto accedendo alle impostazioni dell'account e selezionando "Privacy e sicurezza", quindi selezionando "Cancella cronologia di navigazione".

Proteggere l'account da hacker e account falsi

La protezione dell'account TikTok da hacker e account falsi è un'altra importante questione di privacy. Ciò significa che è importante utilizzare una password forte e unica per l'account

TikTok, evitare di condividere la password con altre persone e attivare l'autenticazione a due fattori per aumentare la sicurezza dell'accountInoltre, è importante rimanere vigili per individuare gli account falsi o le attività sospette che potrebbero essere correlate all'account TikTok. Ciò potrebbe includere la ricezione di messaggi di phishing o di richieste di amicizia da utenti sconosciuti. In questi casi, è importante segnalare immediatamente qualsiasi attività sospetta alle autorità competenti o ai responsabili della sicurezza di TikTok.

In sintesi, la gestione della privacy su TikTok richiede una serie di azioni da parte dell'utente per proteggere i propri dati personali e la propria reputazione online. La configurazione corretta delle impostazioni di privacy, la limitazione della condivisione di informazioni personali, il controllo della propria attività di navigazione e la protezione dell'account da hacker e account falsi sono tutti passaggi importanti per garantire una maggiore sicurezza e privacy su TikTok.

CAPITOLO 14: STUDIO DELLA CONCORRENZA

In questo capitolo si parlerà di come studiare la concorrenza su TikTok, imparando dai successi e dagli errori degli altri creatori.

Lo studio della concorrenza è un elemento fondamentale per qualsiasi tipo di attività, compreso il content creation su TikTok. Quando si parla di TikTok, la piattaforma di social media di video brevi, l'importanza dello studio della concorrenza aumenta ulteriormente. In questo capitolo, esploreremo i passi da seguire per studiare la concorrenza su TikTok e imparare dai successi e dagli errori degli altri creatori.

Identificare i competitor

Il primo passo per studiare la concorrenza su TikTok è identificare i competitor. In altre parole, i creatori che producono contenuti simili ai propri. Ciò significa analizzare il tipo di contenuto prodotto, l'argomento trattato e il target di riferimento.

È possibile identificare i competitor in diverse maniere. Una di queste è utilizzare la funzione di ricerca di TikTok e cercare gli hashtag o le parole chiave che sono rilevanti per il proprio brand o per il proprio settore di appartenenza. Ciò aiuterà a trovare i creatori che stanno producendo contenuti simili o correlati.

Inoltre, è possibile utilizzare le funzionalità di TikTok per identificare i creatori più influenti. Ciò significa che si possono cercare creatori con un alto numero di follower, con un alto engagement rate e con un contenuto di alta qualità.

Analizzare il contenuto prodotto dai competitor

Una volta identificati i competitor, è importante analizzare il loro contenuto per capire cosa funziona e cosa no. Ciò significa guardare attentamente i loro video, osservare lo stile, la struttura, la durata e l'argomento trattato.

Inoltre, è importante analizzare anche i commenti e le reazioni al loro contenuto. Ciò può fornire preziose informazioni su come il pubblico reagisce al loro contenuto e ai loro messaggi.

Identificare le strategie vincenti

Analizzando il contenuto prodotto dai competitor, è possibile identificare le strategie vincenti che stanno utilizzando. Queste strategie possono riguardare la struttura del video, l'argomento trattato, lo stile di presentazione, l'uso degli effetti e delle canzoni e così via.

Identificare queste strategie vincenti può aiutare a capire cosa funziona sulle piattaforme di social media e come applicarlo al proprio contenuto. Tuttavia, è importante essere consapevoli che le strategie vincenti possono variare in base al pubblico di riferimento e alla nicchia di appartenenza.

Evitare gli errori dei competitor Studiare la concorrenza non significa solo imparare dai successi degli altri creatori, ma anche evitare i loro errori. Ciò significa identificare gli errori che i competitor hanno commesso e cercare di evitarli nel proprio contenuto.

Gli errori possono riguardare l'argomento trattato, lo stile di presentazione, la qualità del video e così via. Analizzando il contenuto prodotto dai competitor, è possibile identificare questi errori e cercare di evitare di ripeterli nel proprio contenuto.

Creare un contenuto unico Studiare la concorrenza su TikTok è importante per imparare dai successi e dagli errori degli altri creatori, ma non significa copiare il loro contenuto. Il contenuto deve essere unico e rappresentare la propria personalità e il proprio brand.

Ciò significa che, pur imparando dalle strategie vincenti dei competitor, è importante creare un contenuto che sia originale e che rispecchi la propria unicità. Utilizzando le informazioni raccolte dallo studio della concorrenza, è possibile creare un contenuto che sia altamente coinvolgente per il proprio pubblico di riferimento.

Conclusioni, In sintesi, lo studio della concorrenza è un passaggio fondamentale per qualsiasi creator che desidera avere successo su TikTok. Identificare i competitor, analizzare il loro contenuto, identificare le strategie vincenti e gli errori da evitare sono tutti passi importanti per creare un contenuto coinvolgente e unico.

Ricorda sempre che il contenuto deve essere originale e rappresentare la propria personalità e il proprio brand. Utilizzando le informazioni raccolte dallo studio della concorrenza, è possibile creare un contenuto altamente coinvolgente per il proprio pubblico di riferimento e aumentare la propria visibilità su TikTok.

CAPITOLO 15: USO DEGLI ANALYTICS

In questo capitolo si spiegherà come utilizzare gli analytics di TikTok per monitorare le performance dei propri video e migliorare la propria strategia.

In un mondo digitale in cui il successo di un brand o di un influencer dipende dalle performance sui social media, l'uso degli analytics diventa fondamentale per monitorare l'efficacia della propria strategia e apportare le necessarie modifiche per migliorare le performance. Questo è ancora più vero per TikTok, la piattaforma di social media di video brevi, che presenta una grande sfida per i creatori e i brand: raggiungere e mantenere un pubblico fedele. In questo capitolo, esploreremo l'importanza degli analytics su TikTok e come utilizzarli per monitorare le performance dei propri video e migliorare la propria strategia.

Cos'è TikTok Analytics TikTok Analytics è uno strumento integrato nella piattaforma di TikTok che fornisce informazioni dettagliate sulle performance dei propri video e del proprio profilo. Questo strumento è disponibile solo per i profili TikTok che hanno superato i 100 follower.

Con TikTok Analytics è possibile monitorare il numero di

visualizzazioni, di like, di commenti, di condivisioni e di follower ottenuti dai propri video. Inoltre, è possibile analizzare il profilo dei propri follower, tra cui la loro età, il sesso, la località geografica e l'attività sulla piattaforma.

Come utilizzare TikTok Analytics

Per utilizzare TikTok Analytics, è necessario accedere al proprio profilo e selezionare l'opzione Analytics nella sezione Impostazioni. Qui è possibile visualizzare le statistiche generali del proprio profilo, compreso il numero totale di follower, il numero di visualizzazioni, di like, di commenti e di condivisioni ottenuti.

Inoltre, è possibile analizzare le performance di ciascun video pubblicato, selezionando la sezione Video nella sezione Analytics. Qui è possibile visualizzare le statistiche relative a ciascun video, compreso il numero di visualizzazioni, di like, di commenti e di condivisioni ottenuti. Inoltre, è possibile vedere il tempo medio di visualizzazione del video, il pubblico di riferimento e la percentuale di visualizzazioni ottenute tramite la pagina personale o attraverso gli hashtag.

Come utilizzare le informazioni ottenute da TikTok Analytics Utilizzare le informazioni ottenute da TikTok Analytics è fondamentale per migliorare la propria strategia sui social media. Analizzando le statistiche dei propri video, è possibile identificare i contenuti che funzionano meglio e quelli che invece generano meno interesse.

Inoltre, TikTok Analytics permette di analizzare il profilo dei propri follower, compreso il loro sesso, la loro età e la loro località geografica. Queste informazioni possono essere utili per creare un contenuto mirato, adatto alle esigenze del proprio pubblico.

Inoltre, TikTok Analytics fornisce informazioni sulle performance ottenute tramite gli hashtag. Ciò significa che è possibile identificare gli hashtag che generano maggiore engagement e utilizzarli nel proprio contenuto per aumentare la visibilità dei propri video.

In sintesi, utilizzare TikTok Analytics significa avere a disposizione informazioni dettagliate sulle performance dei propri video e del proprio profilo, che possono essere utilizzate per apportare le necessarie modifiche alla propria strategia sui social media. Utilizzando queste informazioni, è possibile identificare i contenuti che funzionano meglio, il pubblico di riferimento e le strategie di hashtag più efficaci per migliorare l'efficacia della propria presenza su TikTok.

Conclusioni In conclusione, l'uso degli analytics su TikTok è fondamentale per migliorare la propria presenza sui social media e ottenere successo sulla piattaforma. Con TikTok Analytics, è possibile monitorare le performance dei propri video e del proprio profilo, analizzare il profilo dei propri follower e identificare le strategie di hashtag più efficaci.

Utilizzando queste informazioni, è possibile apportare le necessarie modifiche alla propria strategia sui social media per ottenere risultati migliori e raggiungere un pubblico più ampio. In un mondo digitale in cui il successo sui social media è fondamentale, l'uso degli analytics su TikTok diventa un'arma importante per ogni brand o influencer che desideri ottenere successo sulla piattaforma di video brevi.

CAPITOLO 16: CONSIGLI PER MANTENERE LA MOTIVAZIONE

In questo ultimo capitolo verranno forniti alcuni consigli per mantenere la motivazione nella creazione dei video su TikTok, come trovare ispirazione, superare i momenti di blocco creativo e continuare a migliorarsi nel tempo.

Mantenere la motivazione nella creazione dei video su TikTok può essere una sfida, specialmente per i creatori che devono costantemente trovare nuove idee e contenuti interessanti per mantenere il proprio pubblico impegnato. In questo capitolo, forniremo alcuni consigli per aiutare i creatori a mantenere la motivazione, superare i momenti di blocco creativo e continuare a migliorarsi nel tempo.

27. Trova ispirazione

Una delle migliori strategie per mantenere la motivazione nella creazione dei video su TikTok è trovare ispirazione da altri creatori. Seguire altri creatori di successo, studiare i loro video e analizzare il loro stile può essere un'ottima fonte di ispirazione e aiutare a trovare nuove idee per i propri contenuti.

Inoltre, anche l'osservazione del mondo che ci circonda può fornire ispirazione. Prendere appunti o registrare video di ciò che ci colpisce può essere utile per avere un catalogo di idee a cui attingere in futuro.

28. Sperimenta con nuove idee

Non avere paura di sperimentare con nuove idee e di uscire dalla propria zona di comfort. Creare video diversi dal solito può essere una sfida, ma anche un'opportunità per scoprire nuove passioni e argomenti di interesse. Inoltre, i follower apprezzano la diversità dei contenuti, quindi sperimentare nuove idee può essere un'ottima strategia per mantenere l'attenzione del pubblico.

29. Programma la creazione dei contenuti

Programmare la creazione dei contenuti può essere un'ottima strategia per mantenere la motivazione. Creare un calendario editoriale e stabilire gli obiettivi per ogni video può aiutare a mantenere la coerenza e la disciplina nella creazione dei contenuti.

Inoltre, dedicare un tempo specifico alla creazione dei contenuti può aiutare a ridurre lo stress e aumentare la produttività.

30. Collabora con altri creatori

Collaborare con altri creatori può essere un'ottima fonte di motivazione e ispirazione. Inoltre, le collaborazioni possono aumentare la visibilità dei propri video e aiutare a raggiungere nuovi follower.

31. Analizza i dati di TikTok Analytics

Analizzare i dati di TikTok Analytics può essere utile per capire quali video hanno funzionato meglio e quali hanno avuto meno successo. Utilizzare questi dati per migliorare la propria strategia sui social media e creare contenuti mirati può aiutare a mantenere la motivazione e aumentare l'engagement dei propri follower.

32. Prenditi cura di te stesso

Infine, prendersi cura di sé stessi è fondamentale per mantenere la motivazione nella creazione dei video su TikTok. Mantenere uno stile di vita sano, fare attività fisica regolarmente e dedicare del tempo per rilassarsi e svagarsi possono aiutare a ridurre lo stress e aumentare la creatività.

In conclusione, mantenere la motivazione nella creazione dei video su TikTok può essere una sfida, ma seguendo questi consigli è possibile superare i momenti di blocco creativo, trovare ispirazione e continuare a migliorarsi nel tempo. Sperimentare con nuove idee, collaborare con altri creatori, analizzare i dati di TikTok Analytics e prendersi cura di sé stessi sono solo alcune delle strategie che i creatori possono utilizzare per mantenere la motivazione e avere successo sulla piattaforma. Ricorda sempre di non avere paura di uscire dalla tua zona di comfort e di seguire la tua passione, perché è la passione che alimenta la motivazione e porta al successo.

EPILOGO

L'epilogo del libro "Tik Tok La guida definitiva per i creatori: Consigli per creare contenuti e raggiungere il successo" di Greta Perla è un invito a non perdere di vista l'obiettivo principale del mondo dei creatori di contenuti: divertirsi e divertire gli altri.

Ci sono tanti modi per ottenere successo su Tik Tok, ma la cosa più importante è sempre quella di rimanere fedeli a se stessi e ai propri valori. Ci sono molte tentazioni, molte scorciatoie, molti compromessi che si possono fare per guadagnare qualche like in più, ma alla fine del giorno ciò che conta di più è la nostra integrità.

Il mondo dei creatori di contenuti è in continua evoluzione, e Tik Tok in particolare è ancora una piattaforma relativamente giovane, quindi non c'è modo di sapere esattamente dove ci porterà il futuro. Ma sappiamo che ci saranno sempre nuove sfide da affrontare e nuove opportunità da cogliere.

Spero che questo libro vi sia stato utile e vi abbia fornito gli strumenti necessari per avere successo su Tik Tok, ma ricordate sempre che il successo non deve essere l'unico obiettivo. Il divertimento, la creatività e l'ispirazione devono essere sempre al primo posto.

Ringrazio tutti i lettori per avermi accompagnata in questo

viaggio, e auguro a tutti di trovare il successo e la felicità che meritano. Buona fortuna a tutti, e ci vediamo su Tik Tok!

POSTFAZIONE

La realizzazione di questo libro è stata per me un'esperienza molto emozionante. Mi sono impegnata a fondo nel creare un'opera completa e utile per tutti coloro che vogliono avere successo su TikTok. Vorrei ringraziare tutte le persone che mi hanno sostenuto in questo progetto, dalla mia famiglia ai miei amici, passando per i miei colleghi e i fan del mio lavoro.

Spero che i lettori trovino questo libro interessante e utile. Sono convinta che, se applicheranno i consigli e le strategie descritte, potranno raggiungere grandi traguardi su TikTok. Ricordate sempre che il successo richiede tempo, pazienza e dedizione, ma con la giusta mentalità e le giuste informazioni, tutto è possibile.

In questo libro ho cercato di condividere la mia esperienza personale su TikTok e di fornire consigli concreti per creare contenuti di successo e raggiungere un vasto pubblico. Spero che i lettori possano imparare da queste esperienze e trovare la loro strada nel mondo di TikTok.

Infine, vorrei sottolineare l'importanza di essere autentici su TikTok e in generale nella vita. Non cercate di imitare altri creatori o di conformarvi alle aspettative degli altri. Siate voi stessi e create contenuti che riflettano la vostra personalità e i vostri interessi. Solo così potrete distinguervi dagli altri e creare un seguito fedele e appassionato.

Grazie ancora per aver scelto di leggere questo libro e auguro a tutti i lettori il massimo successo su TikTok e in ogni altra attività che intraprenderanno.

RINGRAZIAMENTO

Ci sono molte persone a cui dobbiamo ringraziare per aver reso possibile la realizzazione di questo libro, Tik Tok La guida definitiva per i creatori: Consigli per creare contenuti e raggiungere il successo.

Innanzitutto, vorremmo ringraziare i nostri editori, che hanno creduto in questo progetto e ci hanno dato la possibilità di condividere la nostra conoscenza ed esperienza con un pubblico più ampio.

Ringraziamo anche i nostri colleghi e amici, che ci hanno sostenuto e incoraggiato lungo il percorso. Le vostre parole gentili e il vostro sostegno morale sono stati fondamentali per portare avanti questo progetto.

Un grazie speciale va ai nostri familiari e amati che ci hanno supportato in ogni fase della stesura del libro, dalla prima bozza al prodotto finale. Il vostro affetto e il vostro sostegno sono stati una grande fonte di ispirazione per noi.

Vogliamo anche ringraziare tutti i creatori di contenuti di Tik Tok, che ci hanno ispirato con la loro creatività e il loro talento. Siete una fonte di ispirazione per tutti noi e speriamo che questo libro possa essere un aiuto per voi nel vostro percorso creativo.

Infine, vogliamo ringraziare i nostri lettori, che ci hanno dato la possibilità di condividere la nostra conoscenza e la nostra passione per Tik Tok con voi. Speriamo che questo libro possa essere utile e ispirante per voi e vi auguriamo tutto il successo nel vostro percorso creativo su Tik Tok.

Grazie ancora a tutti coloro che hanno contribuito a rendere questo libro una realtà.

Sinceramente,

Greta Perla

INFORMAZIONI SULL'AUTORE

Greta Perla

Greta Perla è una giovane creativa nata in Italia nel 1990. Fin da piccola, ha dimostrato una grande passione per la comunicazione, la scrittura e l'arte. Dopo aver frequentato il liceo artistico, si è laureata in Comunicazione e Marketing presso l'Università degli Studi di Milano.

Dopo la laurea, Greta ha deciso di intraprendere un percorso professionale nel mondo della comunicazione digitale e dei social media. Ha lavorato come social media manager per diverse aziende e ha collaborato con diverse agenzie di comunicazione.

Nel 2020, durante la pandemia globale, Greta ha deciso di utilizzare il suo tempo libero per sperimentare con TikTok. Ha iniziato a creare contenuti divertenti e coinvolgenti, riuscendo ad acquisire una notevole popolarità sulla piattaforma. Questa esperienza l'ha portata a sviluppare una conoscenza approfondita della piattaforma e dei suoi meccanismi.

Greta ha quindi deciso di mettere la sua esperienza al servizio di coloro che vogliono sviluppare una carriera su TikTok, scrivendo "TikTok: La guida definitiva per i creatori". Il suo obiettivo è quello di fornire un approccio pratico e accessibile alla creazione di contenuti su TikTok, aiutando i lettori a sviluppare le competenze necessarie per raggiungere il successo sulla piattaforma.

Oltre alla scrittura, Greta coltiva la passione per la fotografia, la pittura e l'arte in generale. Attualmente vive a Milano con il suo gatto, Luna.